Impressum
Verlag: BABADADA GmbH, Nedderfeld 112 , 22529 Hamburg
Geschäftsführer / Verlagsleitung: Harald Hof
Druck: Books on Demand GmbH, In de Tarpen 42, 22848 Norderstedt

Imprint
Publisher: BABADADA GmbH, Nedderfeld 112 , 22529 Hamburg, Germany
Managing Director / Publishing direction: Harald Hof
Print: Books on Demand GmbH, In de Tarpen 42, 22848 Norderstedt

1

koulu

die Schule

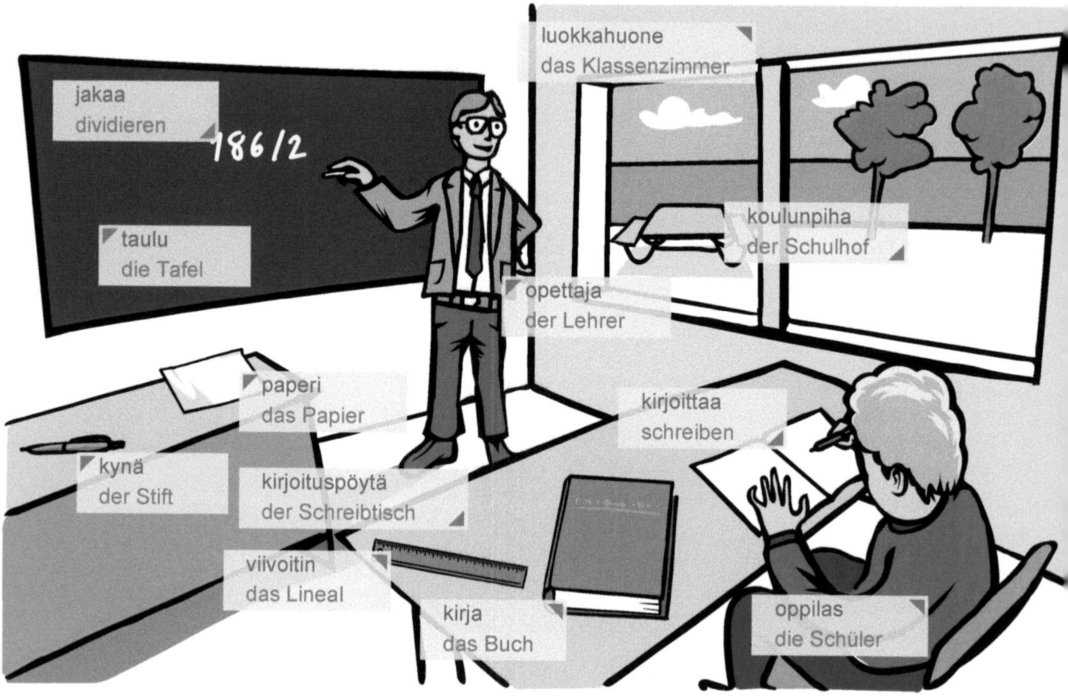

luokkahuone
das Klassenzimmer

jakaa
dividieren

186/2

taulu
die Tafel

koulunpiha
der Schulhof

opettaja
der Lehrer

paperi
das Papier

kirjoittaa
schreiben

kynä
der Stift

kirjoituspöytä
der Schreibtisch

viivoitin
das Lineal

kirja
das Buch

oppilas
die Schüler

reppu

die Schultasche

penaali

die Federmappe

lyijykynä

der Bleistift

kynänteroitin

der Bleistiftspitzer

pyyhekumi

der Radierer

piirustuslehtiö

der Zeichenblock

piirustus

die Zeichnung

pensseli

der Pinsel

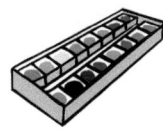

vesivärit

der Malkasten

sakset

die Schere

liima

der Klebstoff

harjoituskirja

das Übungsheft

kotitehtävä

die Hausübung

12

luku

die Zahl

2+2

lisätä

addieren

5-2

vähentää

subtrahieren

2×2

kertoa

multiplizieren

laskea

rechnen

A

kirjain

der Buchstabe

ABCDEFG
HIJKLMN
OPQRSTU
VWXYZ

aakkoset

das Alphabet

hello

sana

das Wort

teksti

der Text

lukea

lesen

liitu

die Kreide

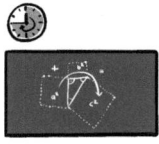

oppitunti

die Unterrichtsstunde

opettajan muistikirja

das Klassenbuch

koe

die Prüfung

todistus

das Zeugnis

koulupuku

die Schuluniform

koulutus

die Ausbildung

sanakirja

das Lexikon

yliopisto

die Universität

mikroskooppi

das Mikroskop

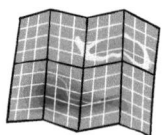

kartta

die Karte

roskakori

der Papierkorb

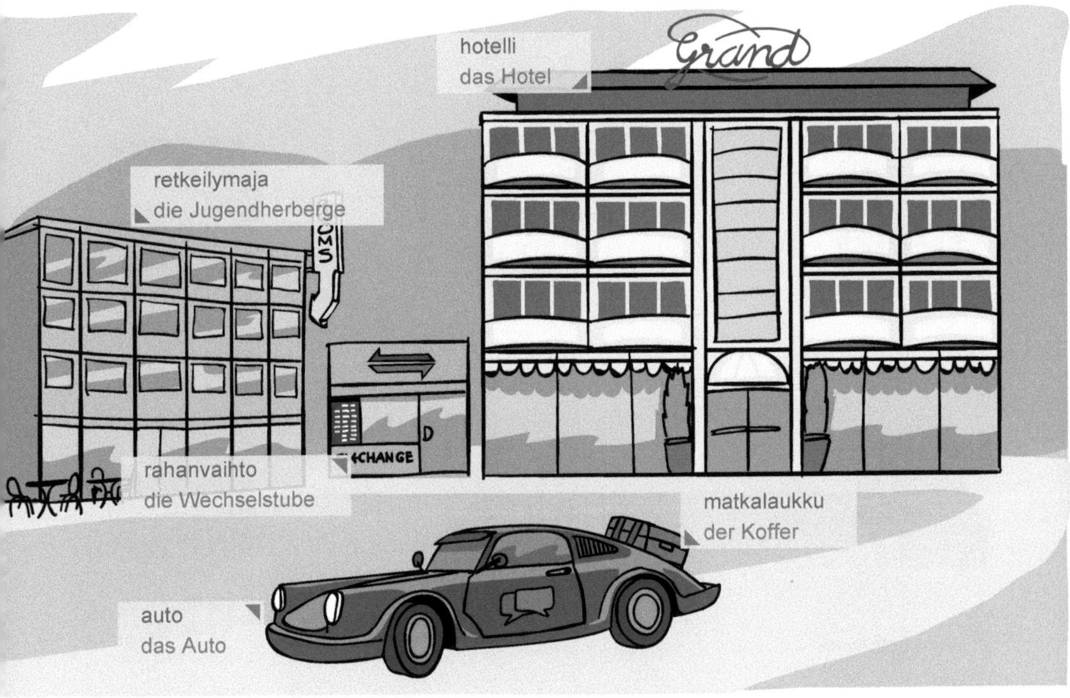

hotelli
das Hotel
Grand
retkeilymaja
die Jugendherberge
rahanvaihto
die Wechselstube
EXCHANGE
matkalaukku
der Koffer
auto
das Auto

kieli

die Sprache

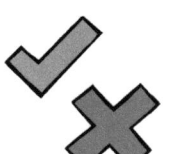

kyllä / ei

ja / nein

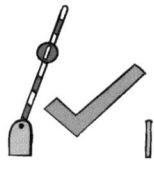

selvä

Okay

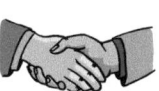

hei

Hallo

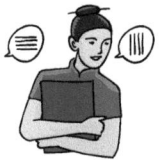

tulkki

die Dolmetscherin

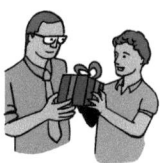

kiitos

Danke

Paljonko...maksaa?

Wie viel kostet …?

en ymmärrä

Ich verstehe nicht.

ongelma

das Problem

Hyvää iltaa!

Guten Abend!

Hyvää huomenta!

Guten Morgen!

Hyvää yötä!

Gute Nacht!

näkemiin

Auf Wiederschaun!

suunta

die Richtung

matkatavarat

das Gepäck

laukku

die Tasche

reppu

der Rucksack

vieras

der Gast

huone

das Zimmer

makuupussi

der Schlafsack

teltta

das Zelt

matka - die Reise

turisti-info

die Touristeninformation

ranta

der Strand

luottokortti

die Kreditkarte

aamupala

das Frühstück

lounas

das Mittagessen

päivällinen

das Abendessen

matkalippu

die Fahrkarte

hissi

der Lift

postimerkki

die Briefmarke

raja

die Grenze

tulli

der Zoll

suurlähetystö

die Botschaft

viisumi

das Visum

passi

der Pass

kuljetus

der Transport

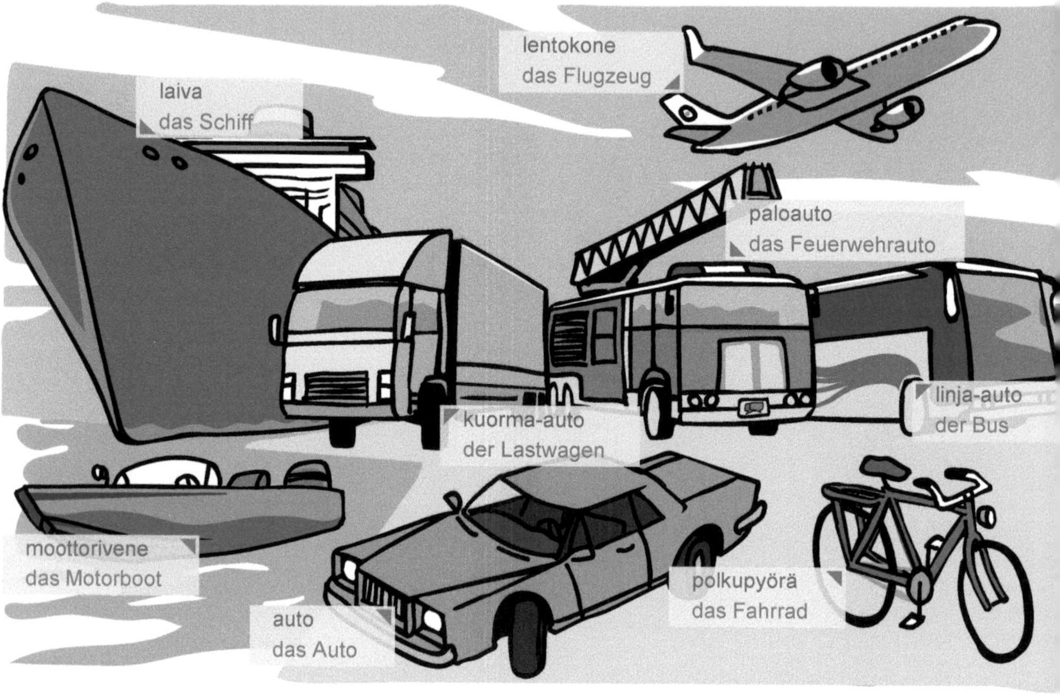
lentokone
das Flugzeug
laiva
das Schiff
paloauto
das Feuerwehrauto
linja-auto
der Bus
kuorma-auto
der Lastwagen
moottorivene
das Motorboot
polkupyörä
das Fahrrad
auto
das Auto

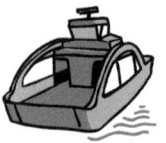

lautta

die Fähre

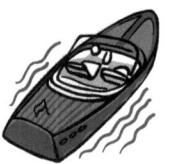

vene

das Boot

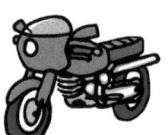

moottoripyörä

das Motorrad

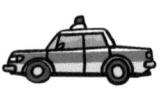

poliisiauto

das Polizeiauto

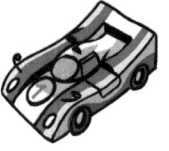

kilpa-auto

das Rennauto

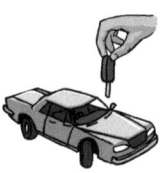

vuokra-auto

der Mietwagen

car sharing

das Carsharing

hinausauto

der Abschleppwagen

roska-auto

der Müllwagen

moottori

der Motor

polttoaine

der Kraftstoff

huoltoasema

die Tankstelle

liikennemerkki

das Verkehrsschild

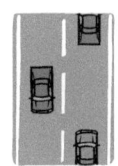

liikenne

der Verkehr

ruuhka

der Stau

parkkipaikka

der Parkplatz

rautatieasema

der Bahnhof

raiteet

die Schienen

juna

der Zug

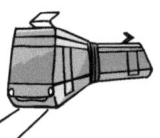

raitiovaunu

die Straßenbahn

vaunu

der Wagon

helikopteri

der Hubschrauber

lentokenttä

der Flughafen

lähilennonjohto

der Tower

matkustaja

der Passagier

kontti

der Container

pahvilaatikko

der Karton

kärryt

der Rollwagen

kori

der Korb

nousta / laskea

starten / landen

kaupunki
die Stadt

kylä

das Dorf

keskusta

das Stadtzentrum

talo

das Haus

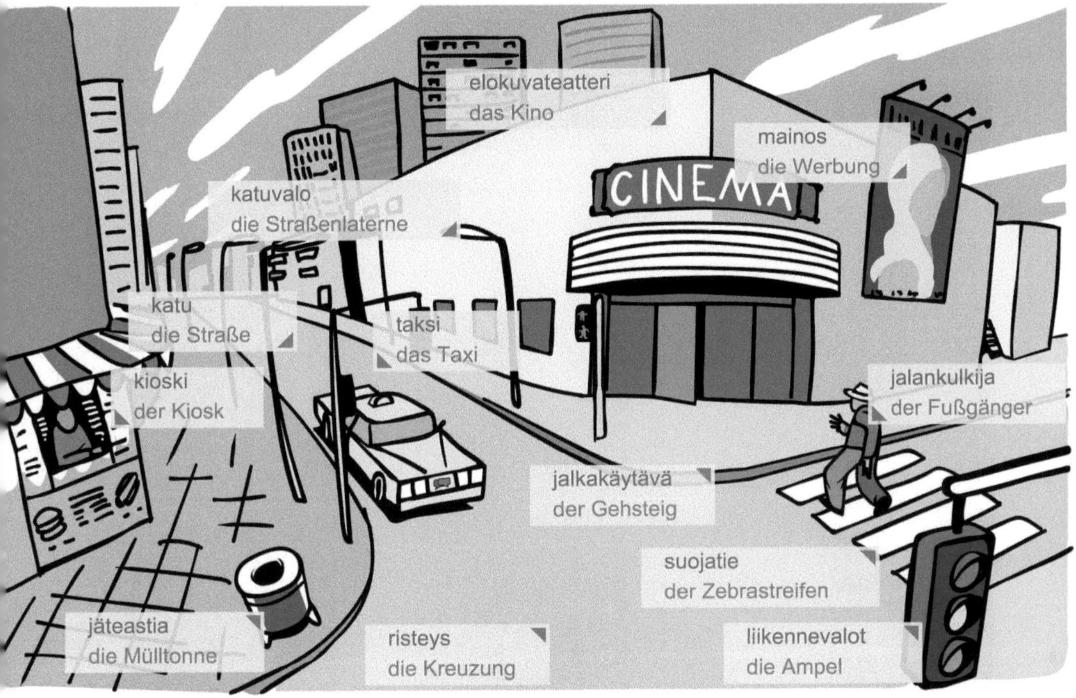
elokuvateatteri
das Kino
mainos
die Werbung
CINEMA
katuvalo
die Straßenlaterne
katu
die Straße
taksi
das Taxi
kioski
der Kiosk
jalankulkija
der Fußgänger
jalkakäytävä
der Gehsteig
suojatie
der Zebrastreifen
jäteastia
die Mülltonne
risteys
die Kreuzung
liikennevalot
die Ampel

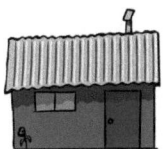

mökki

die Hütte

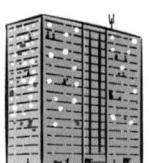

kerrostalo

die Wohnung

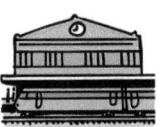

rautatieasema

der Bahnhof

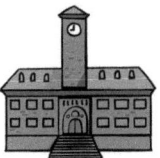

kaupungintalo

das Rathaus

MUSEUM

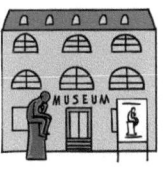

museo

das Museum

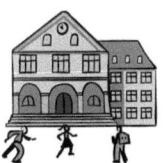

koulu

die Schule

yliopisto

die Universität

pankki

die Bank

sairaala

das Spital

hotelli

das Hotel

apteekki

die Apotheke

toimisto

das Büro

kirjakauppa

die Buchhandlung

liike

das Geschäft

kukkakauppa

der Blumenladen

supermarketti

der Supermarkt

tori

der Markt

tavaratalo

das Kaufhaus

kalakauppias

der Fischhändler

ostoskeskus

das Einkaufszentrum

satama

der Hafen

puisto

der Park

penkki

die Bank

silta

die Brücke

portaat

die Stiege

metro

die U-Bahn

tunneli

der Tunnel

linja-autopysäkki

die Bushaltestelle

baari

die Bar

ravintola

das Restaurant

postilaatikko

der Briefkasten

katukyltti

das Straßenschild

parkkimittari

die Parkuhr

eläintarha

der Zoo

uimala

die Badeanstalt

moskeija

die Moschee

maatila

der Bauernhof

ympäristön saastuminen

die Umweltverschmutzung

hautausmaa

der Friedhof

kirkko

die Kirche

leikkikenttä

der Spielplatz

temppeli

der Tempel

maisema
die Landschaft

lehti
das Blatt

tienviitta
der Wegweiser

tie
der Weg

niitty
die Wiese

kivi
der Stein

puu
der Baum

retkeilijä
der Wanderer

joki
der Fluss

ruoho
das Gras

kukka
die Blume

laakso

das Tal

vuori

der Hügel

järvi

der See

metsä

der Wald

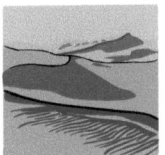

aavikko

die Wüste

tulivuori

der Vulkan

linna

das Schloss

sateenkaari

der Regenbogen

sieni

der Pilz

palmu

die Palme

hyttynen

der Moskito

kärpänen

die Fliege

muurahainen

die Ameise

mehiläinen

die Biene

hämähäkki

die Spinne

maisema - die Landschaft

kovakuoriainen

der Käfer

sammakko

der Frosch

orava

das Eichhörnchen

siili

der Igel

jänis

der Hase

pöllö

die Eule

lintu

die Vogel

joutsen

der Schwan

villisika

das Wildschwein

peura

der Hirsch

hirvi

der Elch

pato

der Staudamm

tuulimylly

das Windrad

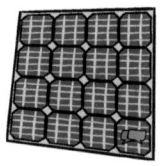

aurinkopaneeli

das Solarmodul

ilmasto

das Klima

tarjoilija
der Kellner

ruokalista
die Speisekarte

tuoli
der Sessel

keitto
die Suppe

pitsa
die Pizza

ruokailuvälineet
das Besteck

pöytäliina
die Tischdecke

alkuruoka

die Vorspeise

pääruoka

das Hauptgericht

jälkiruoka

die Nachspeise

juomat

die Getränke

ruoka

das Essen

pullo

die Flasche

pikaruoka

das Fastfood

katuruoka

das Streetfood

teekannu

die Teekanne

sokeriastia

die Zuckerdose

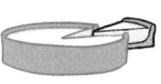

annos

die Portion

espressokeitin

die Espressomaschine

syöttötuoli

der Kinderstuhl

lasku

die Rechnung

tarjotin

das Tablett

veitsi

das Messer

haarukka

die Gabel

lusikka

der Löffel

teelusikka

der Teelöffel

servietti

die Serviette

lasi

das Glas

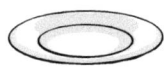

lautanen

der Teller

syvä lautanen

der Suppenteller

aluslautanen

die Untertasse

kastike

die Sauce

suolasirotin

der Salzstreuer

pippurimylly

die Pfeffermühle

etikka

der Essig

öljy

das Öl

mausteet

die Gewürze

ketsuppi

das Ketchup

sinappi

der Senf

majoneesi

die Mayonnaise

supermarketti
der Supermarkt

tarjous
das Angebot
FOR
asiakas
der Kunde
maitotuotteet
die Milchprodukte
hedelmät
das Obst
ostoskärryt
der Einkaufswagen

BUTCHERS

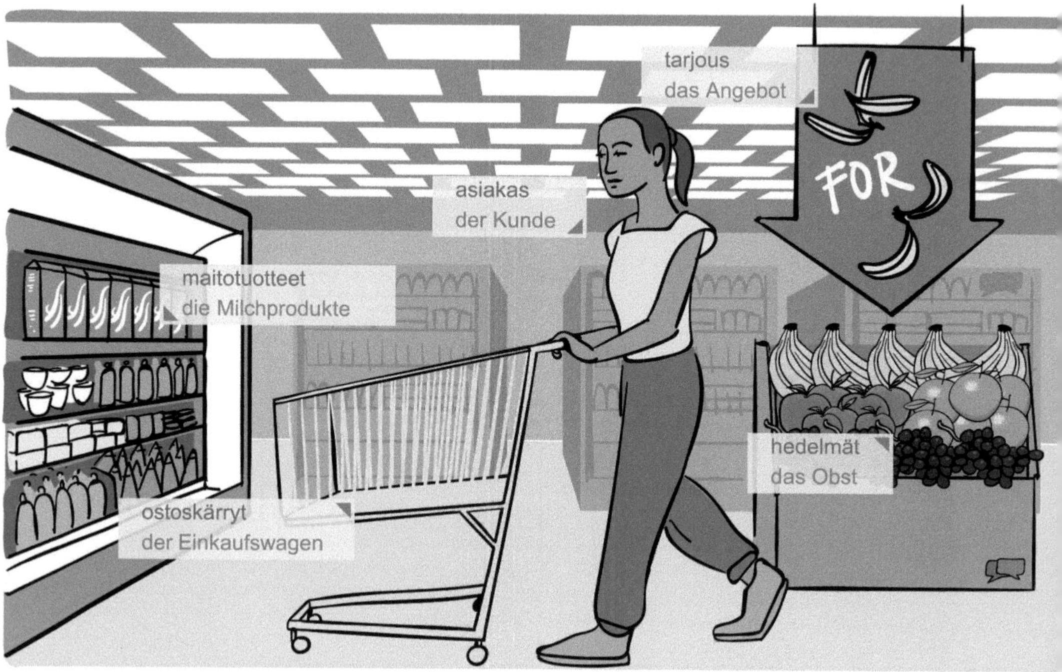

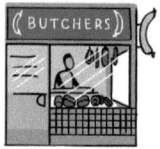

teurastamo

die Schlachterei

BAKERY

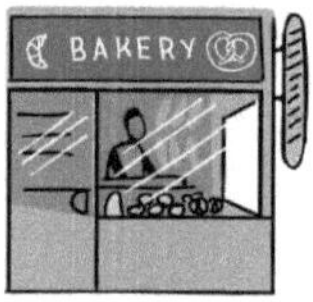

leipomo

die Bäckerei

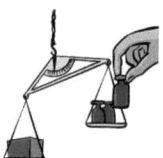

punnita

wiegen

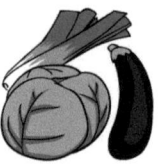

kasvikset

das Gemüse

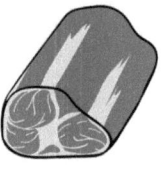

liha

das Fleisch

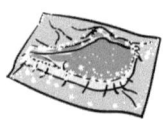

pakasteet

die Tiefkühlkost

leikkele

der Aufschnitt

säilykkeet

die Konserven

pesujauhe

das Waschmittel

makeiset

die Süßigkeiten

kotitaloustarvikkeet

die Haushaltsartikel

puhdistusaineet

das Reinigungsmittel

myyjä

die Verkäuferin

kassa

die Kassa

kassanhoitaja

die Kassiererin

ostoslista

die Einkaufsliste

aukioloajat

die Öffnungszeiten

lompakko

die Brieftasche

luottokortti

die Kreditkarte

kassi

die Tasche

muovipussi

die Plastiktüte

vesi

das Wasser

mehu

der Saft

maito

die Milch

kokis

die Cola

viini

der Wein

olut

das Bier

alkoholi

der Alkohol

kaakao

der Kakao

tee

der Tee

kahvi

der Kaffee

espresso

der Espresso

cappuccino

der Cappuccino

banaani

die Banane

omena

der Apfel

appelsiini

die Orange

meloni

die Melone

sitruuna

die Zitrone

porkkana

die Karotte

valkosipuli

der Knoblauch

bambu

der Bambus

sipuli

die Zwiebel

sieni

der Pilz

pähkinät

die Nüsse

spagetti

die Nudeln

spagetti

die Spaghetti

riisi

der Reis

salaatti

der Salat

ranskalaiset

die Pommes frites

paistetut perunat

die Bratkartoffeln

pitsa

die Pizza

hampurilainen

der Hamburger

voileipä

das Sandwich

leike

das Schnitzel

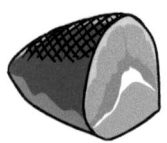

kinkku

der Schinken

salami

die Salami

makkara

die Wurst

kana

das Huhn

paisti

der Braten

kala

der Fisch

kaurahiutaleet

die Haferflocken

mysli

das Müsli

murot

die Cornflakes

jauho

das Mehl

voisarvi

das Croissant

sämpylä

die Semmel

leipä

das Brot

paahtoleipä

der Toast

keksit

die Kekse

voi

die Butter

rahka

der Topfen

kakku

der Kuchen

kananmuna

das Ei

paistettu kananmuna

das Spiegelei

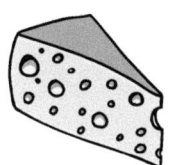

juusto

der Käse

jäätelö

die Eiscreme

sokeri

der Zucker

hunaja

der Honig

hillo

die Marmelade

suklaapähkinälevite

der Schokoladenaufstrich

curry

das Curry

maatila
der Bauernhof

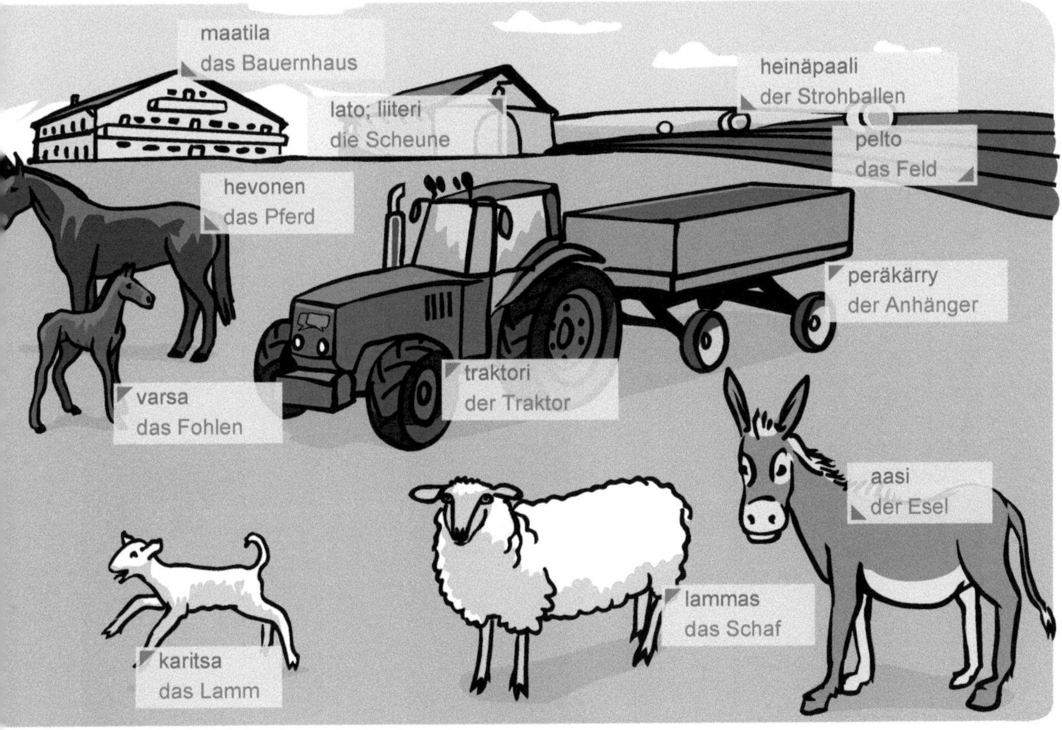
maatila
das Bauernhaus
lato; liiteri
die Scheune
heinäpaali
der Strohballen
pelto
das Feld
hevonen
das Pferd
peräkärry
der Anhänger
traktori
der Traktor
varsa
das Fohlen
aasi
der Esel
lammas
das Schaf
karitsa
das Lamm

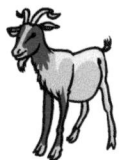

vuohi

die Ziege

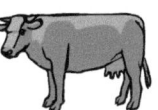

lehmä

die Kuh

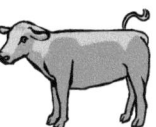

vasikka

das Kalb

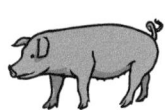

sika

das Schwein

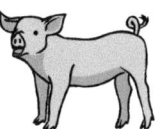

porsas

das Ferkel

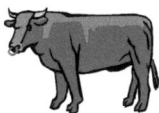

sonni

der Stier

hanhi

die Gans

ankka

die Ente

tipu

das Küken

kana

das Huhn

kukko

der Hahn

rotta

die Ratte

kissa

die Katze

hiiri

die Maus

härkä

der Ochse

koira

der Hund

koirankoppi

die Hundehütte

puutarhaletku

der Gartenschlauch

kastelukannu

die Gießkanne

viikate

die Sense

aura

der Pflug

sirppi

die Sichel

kuokka

die Hacke

talikko

die Mistgabel

kirves

die Axt

kottikärryt

die Schubkarre

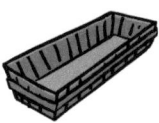

kaukalo

der Trog

maitokannu

die Milchkanne

säkki

der Sack

aita

der Zaun

talli

der Stall

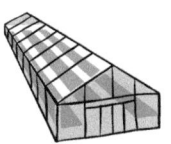

kasvihuone

das Treibhaus

maa

der Boden

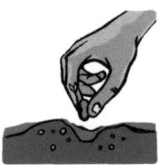

siemen

die Saat

lannoite

der Dünger

leikkuupuimuri

der Mähdrescher

kerätä sato

ernten

sato

die Ernte

jamssit

die Yamswurzel

vehnä

der Weizen

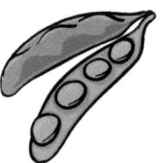

soija

das Soja

peruna

der Erdapfel

maissi

der Mais

rypsi

der Raps

hedelmäpuu

der Obstbaum

maniokki

der Maniok

vilja

das Getreide

talo
das Haus

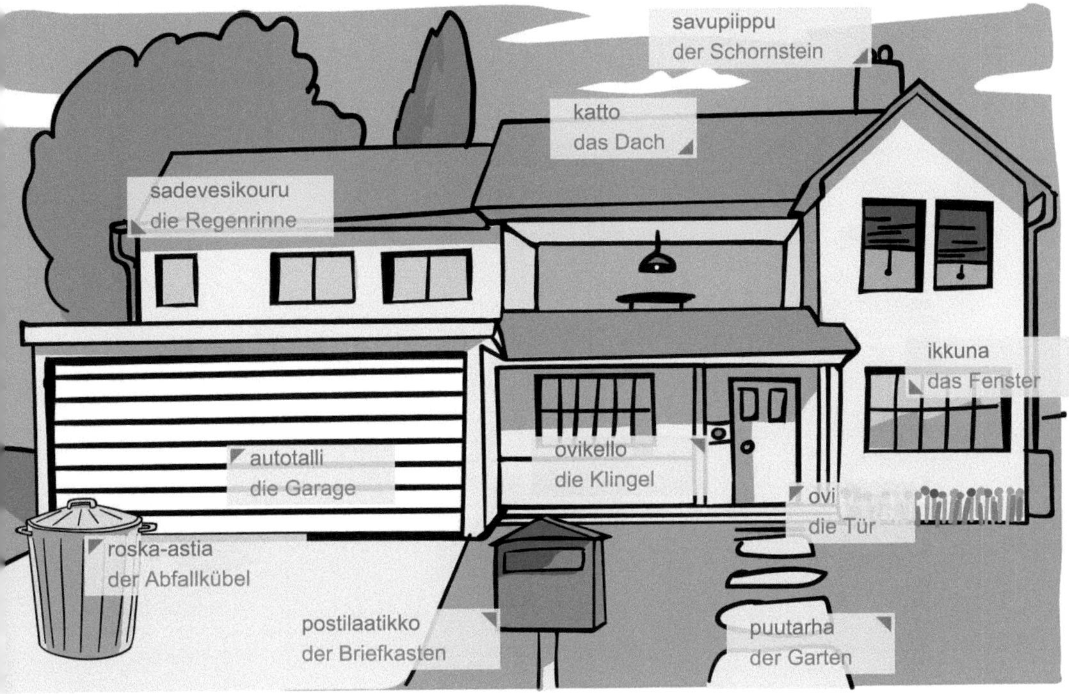
savupiippu
der Schornstein
katto
das Dach
sadevesikouru
die Regenrinne
ikkuna
das Fenster
autotalli
die Garage
ovikello
die Klingel
ovi
die Tür
roska-astia
der Abfallkübel
postilaatikko
der Briefkasten
puutarha
der Garten

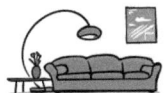

olohuone

das Wohnzimmer

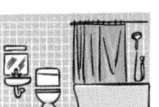

kylpyhuone

das Badezimmer

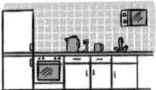

keittiö

die Küche

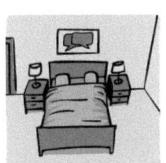

makuuhuone

das Schlafzimmer

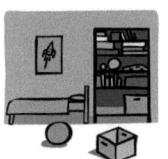

lastenhuone

das Kinderzimmer

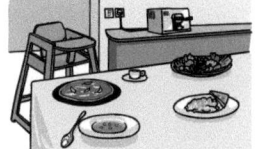

ruokahuone

das Esszimmer

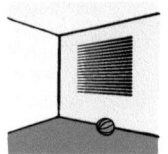

lattia

der Boden

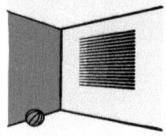

seinä

die Wand

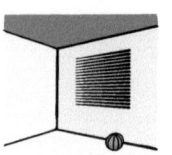

katto

die Decke

kellari

der Keller

sauna

die Sauna

parveke

der Balkon

terassi

die Terrasse

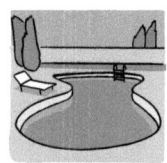

uima-allas

das Schwimmbad

ruohonleikkuri

der Rasenmäher

lakana

der Bettbezug

päiväpeitto

die Bettdecke

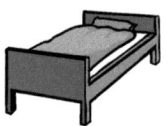

sänky

das Bett

harja

der Besen

ämpäri

der Kübel

katkaisin

der Schalter

olohuone

das Wohnzimmer

tapetti
die Tapete
kuva
das Bild
lamppu
die Lampe
hylly
das Regal
kaappi
der Schrank
televisio
der Fernseher
takka
der Kamin
kukka
die Blume
tyyny
der Polster
sohva
das Sofa
maljakko
die Vase
kaukosäädin
die Fernbedienung

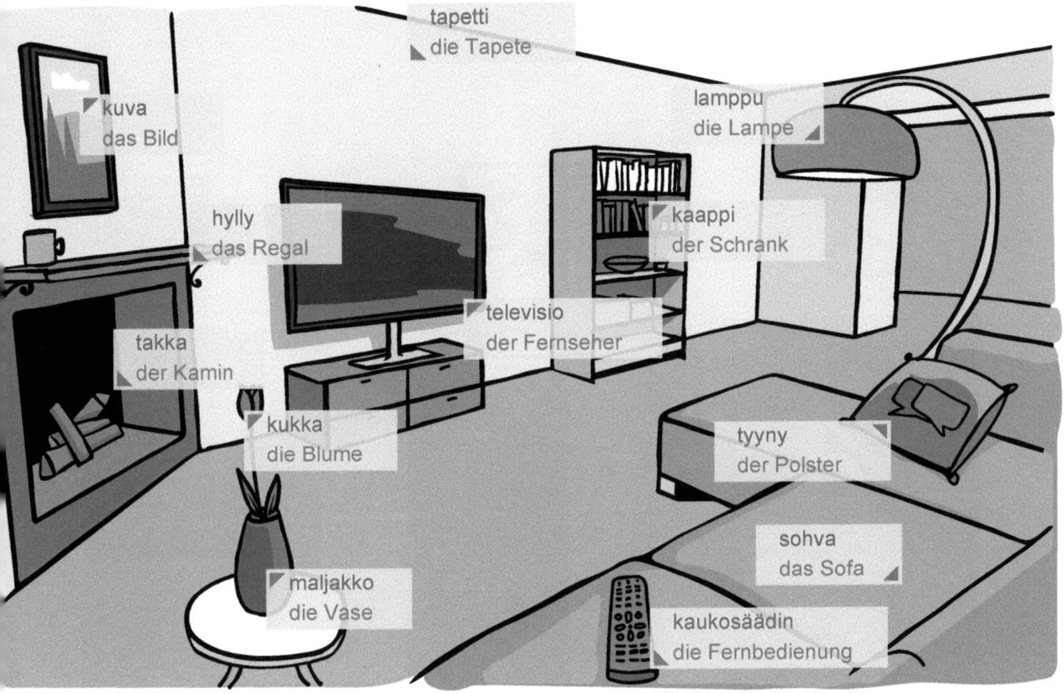

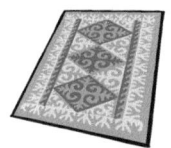

matto
der Teppich

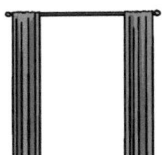

verho
der Vorhang

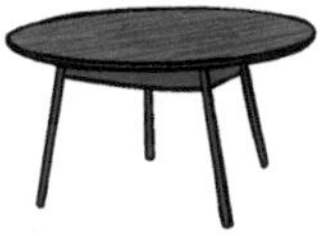

pöytä
der Tisch

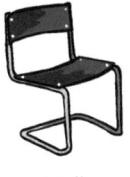

tuoli
der Sessel

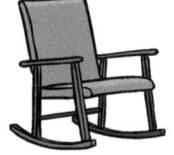

keinutuoli
der Schaukelstuhl

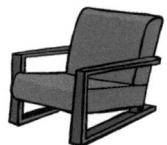

nojatuoli
der Sessel

kirja

das Buch

peitto

die Decke

koriste

die Dekoration

polttopuut

das Feuerholz

elokuva

der Film

stereot

die Stereoanlage

avain

der Schlüssel

sanomalehti

die Zeitung

maalaus

das Gemälde

juliste

das Poster

radio

das Radio

muistivihko

der Notizblock

pölynimuri

der Staubsauger

kaktus

der Kaktus

kynttilä

die Kerze

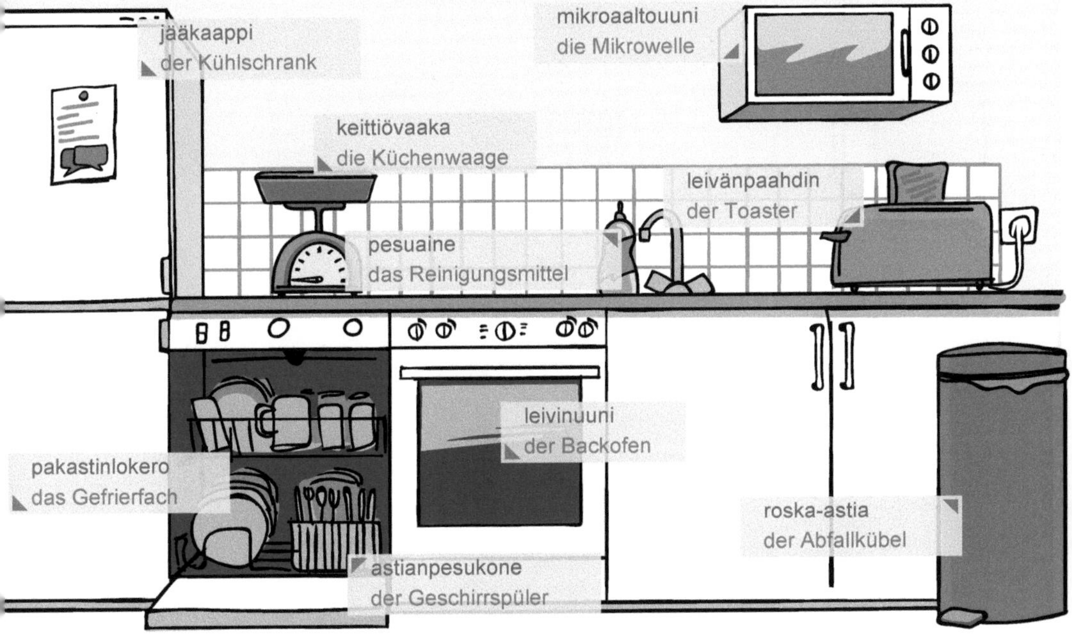

jääkaappi
der Kühlschrank

mikroaaltouuni
die Mikrowelle

keittiövaaka
die Küchenwaage

leivänpaahdin
der Toaster

pesuaine
das Reinigungsmittel

pakastinlokero
das Gefrierfach

leivinuuni
der Backofen

roska-astia
der Abfallkübel

astianpesukone
der Geschirrspüler

liesi
....
der Herd

kattila
....
der Topf

rautapata
....
der Eisentopf

vokkipannu / kadai-pannu
....
der Wok / Kadai

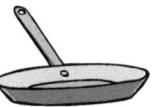

paistinpannu
....
die Pfanne

teepannu
....
der Wasserkocher

höyrykeitin

der Dampfgarer

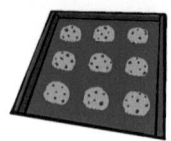

uunipelti

das Backblech

astiat

das Geschirr

muki

der Becher

kulho

die Schale

syömäpuikot

die Essstäbchen

kauha

der Schöpflöffel

paistinlasta

der Pfannenwender

vispilä

der Schneebesen

siivilä

das Kochsieb

siivilä

das Sieb

raastin

die Reibe

mortteli

der Mörser

grilli

der Grill

avotuli

das Kaminfeuer

leikkuulauta

das Schneidebrett

kaulin

das Nudelholz

korkinavaaja

der Korkenzieher

purkki

die Dose

purkinavaaja

der Dosenöffner

pannulappu

der Topflappen

lavuaari

das Waschbecken

tiskiharja

die Bürste

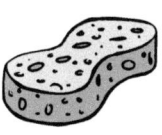

pesusieni

der Schwamm

tehosekoitin

der Mixer

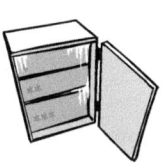

pakastin

die Gefriertruhe

tuttipullo

die Babyflasche

vesihana

der Wasserhahn

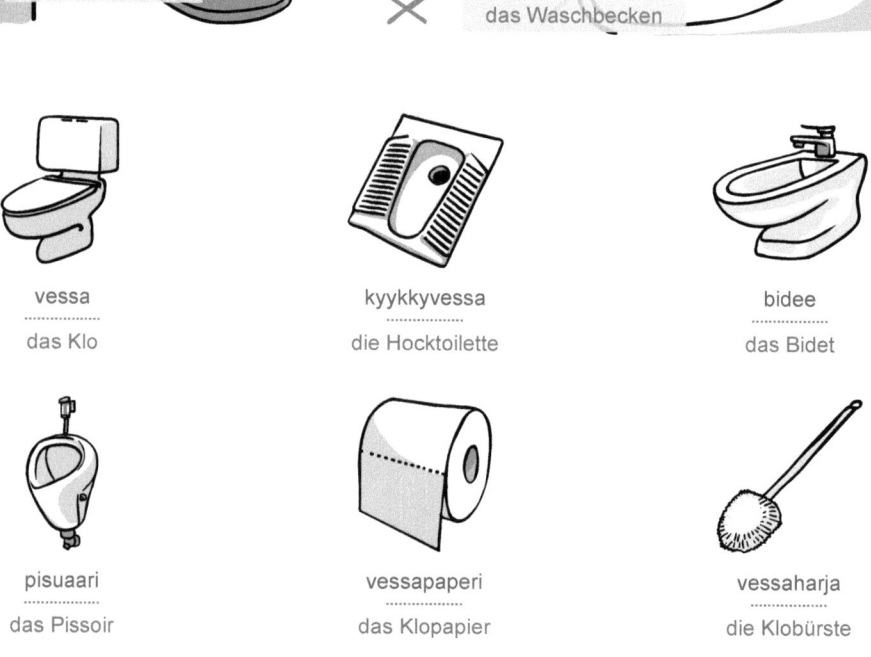

kylpyhuone
das Badezimmer

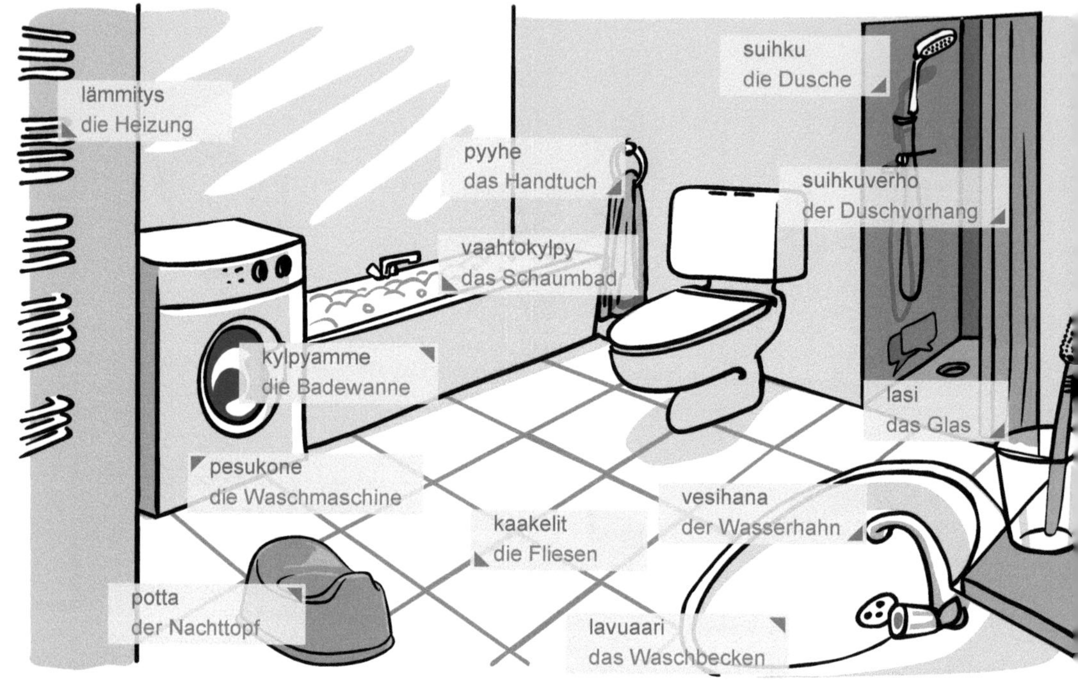

suihku
die Dusche
lämmitys
die Heizung
pyyhe
das Handtuch
suihkuverho
der Duschvorhang
vaahtokylpy
das Schaumbad
kylpyamme
die Badewanne
lasi
das Glas
pesukone
die Waschmaschine
vesihana
der Wasserhahn
kaakelit
die Fliesen
potta
der Nachttopf
lavuaari
das Waschbecken

vessa
das Klo

kyykkyvessa
die Hocktoilette

bidee
das Bidet

pisuaari
das Pissoir

vessapaperi
das Klopapier

vessaharja
die Klobürste

hammasharja

die Zahnbürste

hammastahna

die Zahnpasta

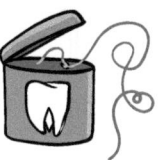

hammaslanka

die Zahnseide

pestä

waschen

käsisuihku

die Handbrause

intiimisuihku

die Intimdusche

pesuvati

die Waschschüssel

selkäharja

die Rückenbürste

saippua

die Seife

suihkugeeli

das Duschgel

shampoo

das Shampoo

pesulappu

der Waschlappen

viemäri

der Abfluss

voide

die Creme

deodorantti

das Deodorant

peili

der Spiegel

käsipeili

der Kosmetikspiegel

partaveitsi

der Rasierer

partavaahto

der Rasierschaum

partavesi

das Rasierwasser

kampa

der Kamm

harja

die Bürste

hiustenkuivaaja

der Föhn

hiuslakka

das Haarspray

meikki

das Makeup

huulipuna

der Lippenstift

kynsilakka

der Nagellack

pumpuli

die Watte

kynsisakset

die Nagelschere

hajuvesi

das Parfum

kosmetiikkalaukku

der Kulturbeutel

jakkara

der Hocker

vaaka

die Waage

kylpytakki

der Bademantel

kumihansikkaat

die Gummihandschuhe

tamponi

das Tampon

terveysside

die Damenbinde

kemiallinen wc

die Chemietoilette

lastenhuone

das Kinderzimmer

herätyskello
der Wecker
pehmolelu
das Kuscheltier
leikkiauto
das Spielzeugauto
helistin
die Rassel
nukkekoti
das Puppenhaus
lahja
das Geschenk

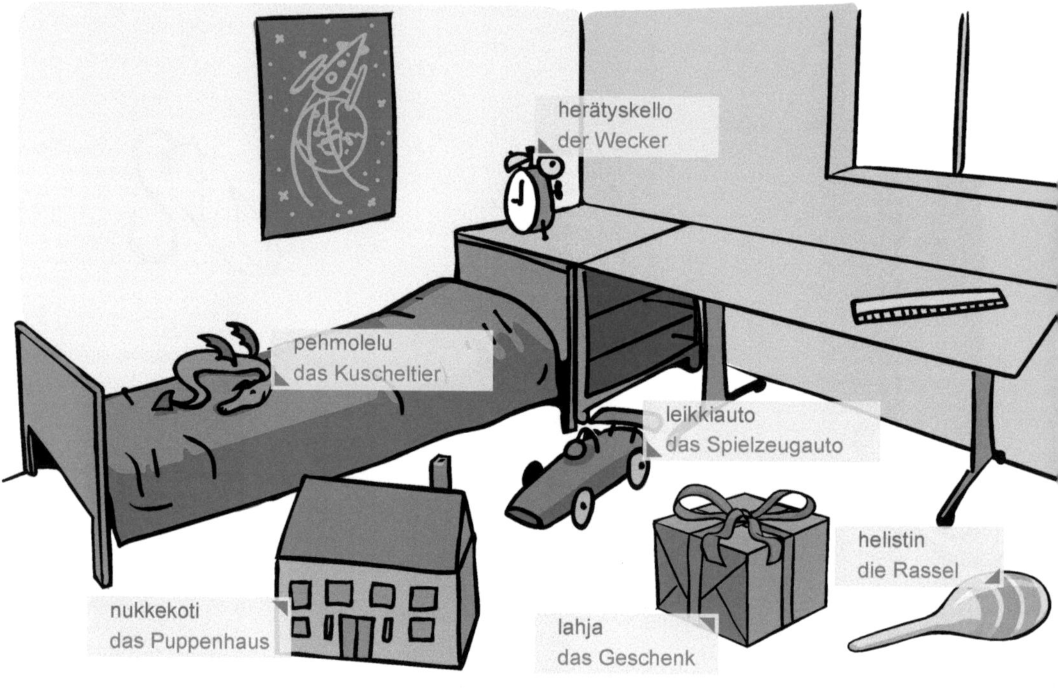

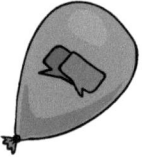

ilmapallo

der Ballon

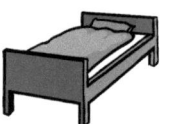

sänky

das Bett

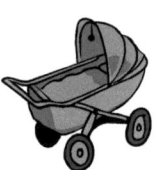

lastenvaunut

der Kinderwagen

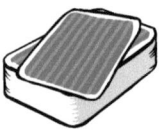

korttipeli

das Kartenspiel

palapeli

das Puzzle

SUPER
MEGA

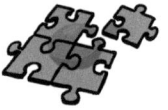

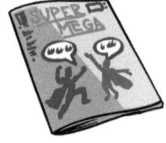

sarjakuva

der Comic

legopalikat

die Legosteine

rakennuspalikat

die Bausteine

supersankari

die Actionfigur

potkupuku

der Strampelanzug

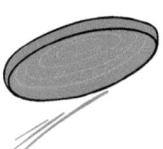

frisbee

das Frisbee

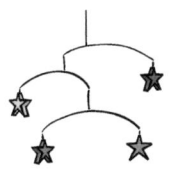

mobile

das Mobile

lautapeli

das Brettspiel

noppa

der Würfel

pienoisjunarata

die Modelleisenbahn

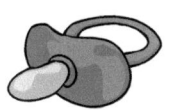

tutti

der Schnuller

juhlat

die Party

kuvakirja

das Bilderbuch

pallo

der Ball

nukke

die Puppe

leikkiä

spielen

hiekkalaatikko

der Sandkasten

keinu

die Schaukel

lelut

das Spielzeug

pelikonsoli

die Spielkonsole

kolmipyörä

das Dreirad

nalle

der Teddy

vaatekaappi

der Kleiderschrank

vaatteet
die Kleidung

sukat

die Socken

nylonsukat

die Strümpfe

sukkahousut

die Strumpfhose

kaulaliina
der Schal

vyö
der Gürtel

sateenvarjo
der Regenschirm

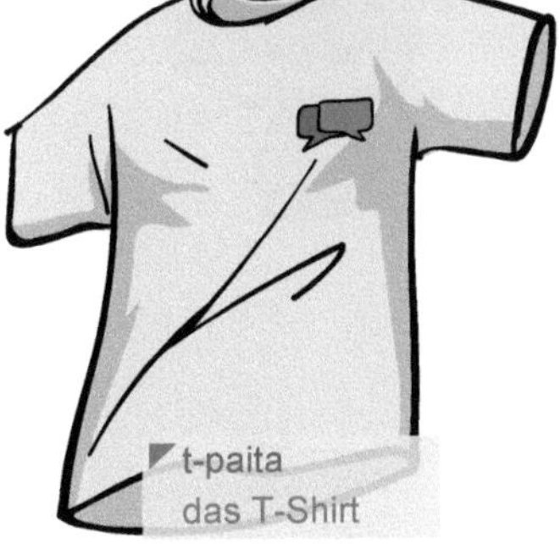

t-paita
das T-Shirt

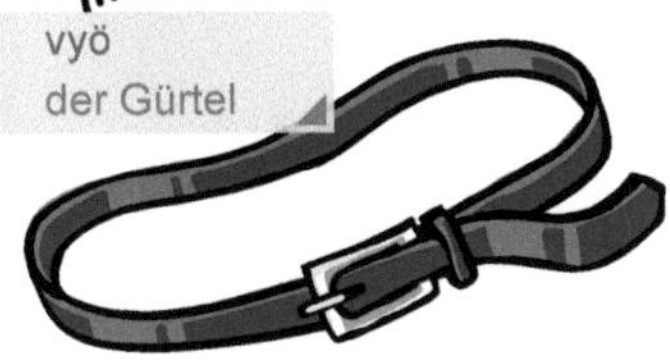

lenkkarit
die Turnschuhe

saappaat
die Stiefel

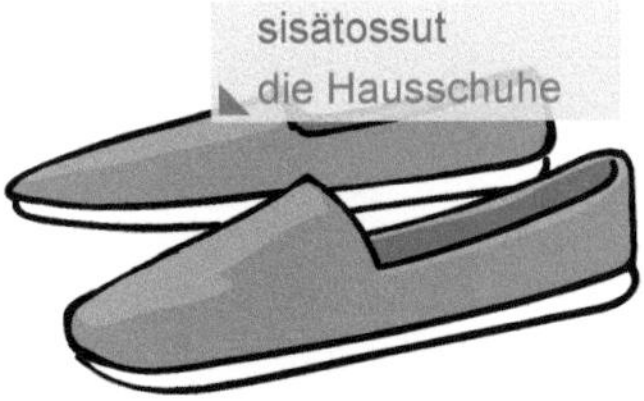

sisätossut
die Hausschuhe

sandaalit
die Sandalen

kengät
die Schuhe

kumisaappaat
die Gummistiefel

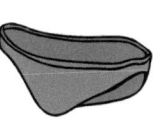

alushousut
die Unterhose

rintaliivit
der Büstenhalter

aluspaita
das Unterhemd

vaatteet - die Kleidung

body
der Body

housut
die Hose

farkut
die Jeans

hame
der Rock

pusero
die Bluse

paita
das Hemd

villapaita
der Pullover

collegepaita
der Kapuzenpullover

jakku
der Blazer

takki
die Jacke

takki
der Mantel

sadetakki
der Regenmantel

puku
das Kostüm

mekko
das Kleid

hääpuku
das Hochzeitskleid

puku

der Anzug

yöpaita

das Nachthemd

pyjama

der Pyjama

shari

der Sari

päähuivi

das Kopftuch

turbaani

der Turban

burka

die Burka

kaftaani

der Kaftan

abaya

die Abaya

uimapuku

der Badeanzug

uimahousut

die Badehose

shortsit

die kurze Hose

verkkarit

der Jogginganzug

esiliina

die Schürze

käsineet

die Handschuhe

nappi

der Knopf

silmälasit

die Brille

rannekoru

das Armband

kaulakoru

die Halskette

sormus

der Ring

korvakoru

der Ohrring

lippalakki

die Mütze

ripustin

der Kleiderbügel

hattu

der Hut

solmio

die Krawatte

vetoketju

der Reißverschluss

kypärä

der Helm

henkselit

der Hosenträger

koulupuku

die Schuluniform

univormu

die Uniform

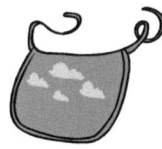

ruokalappu

das Lätzchen

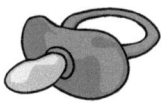

tutti

der Schnuller

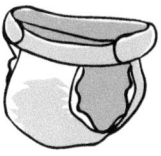

vaippa

die Windel

toimisto

das Büro

palvelin
der Server
asiakirjakaappi
der Aktenschrank
tulostin
der Drucker
paperi
das Papier
näyttö
der Monitor
hiiri
die Maus
kirjoituspöytä
der Schreibtisch
kansio
der Ordner
näppäimistö
die Tastatur
tuoli
der Sessel
roskakori
der Papierkorb
tietokone
der Computer

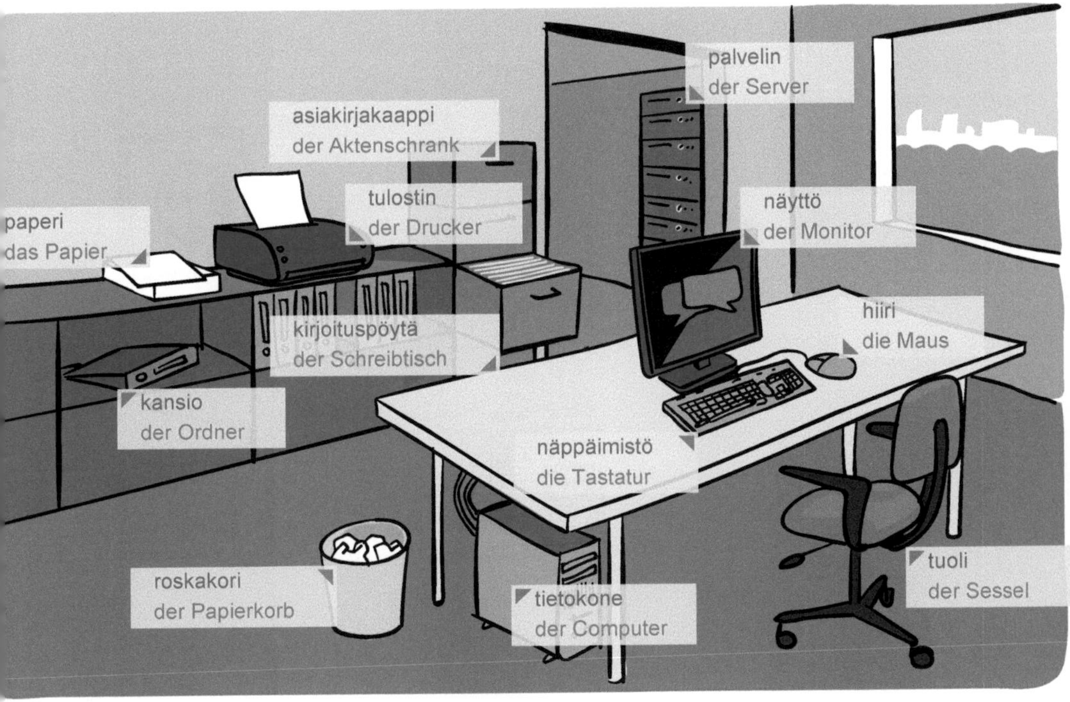

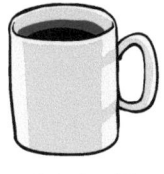

kahvimuki

der Kaffeebecher

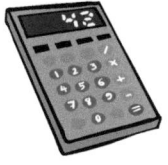

taskulaskin

der Taschenrechner

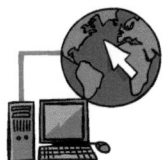

internet

das Internet

kannettava tietokone

der Laptop

kirje

der Brief

viesti

die Nachricht

kännykkä

das Handy

verkko

das Netzwerk

kopiokone

der Kopierer

ohjelmisto

die Software

puhelin

das Telefon

pistorasia

die Steckdose

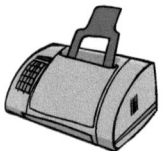

faksi

das Fax

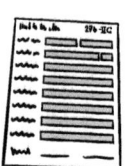

lomake

das Formular

asiakirja

das Dokument

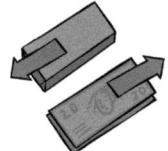

ostaa

kaufen

maksaa

bezahlen

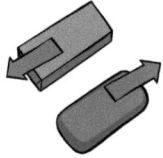

vaihtaa

handeln

raha

das Geld

 USD

dollari

der Dollar

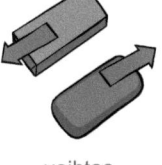 EUR

euro

der Euro

 JPY

jeni

der Yen

 RUB

rupla

der Rubel

 CHF

frangi

der Franken

 CNY

renminbi juan

der Renminbi Yuan

 INR

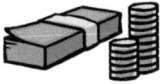

rupia

die Rupie

pankkiautomaatti

der Bankomat

rahanvaihto

die Wechselstube

kulta

das Gold

hopea

das Silber

öljy

das Öl

energia

die Energie

hinta

der Preis

sopimus

der Vertrag

vero

die Steuer

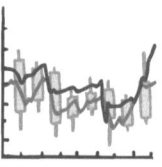

osake

die Aktie

työskennellä

arbeiten

työntekijä

der Angestellte

työnantaja

der Arbeitgeber

tehdas

die Fabrik

liike

das Geschäft

poliisi
der Polizist

palomies
der Feuerwehrmann

kokki
der Koch

lääkäri
die Ärztin

lentäjä
der Pilot

puutarhuri

der Gärtner

puuseppä

der Tischler

ompelija

die Schneiderin

tuomari

der Richter

kemisti

die Chemikerin

näyttelijä

der Schauspieler

linja-autonkuljettaja

der Busfahrer

taksinkuljettaja

der Taxifahrer

kalastaja

der Fischer

siivooja

die Putzfrau

katontekijä

der Dachdecker

tarjoilija

der Kellner

metsästäjä

der Jäger

maalari

der Maler

leipuri

der Bäcker

sähköasentaja

der Elektriker

rakentaja

der Bauarbeiter

insinööri

der Ingenieur

teurastaja

der Schlachter

putkiasentaja

der Installateur

postinjakaja

die Briefträgerin

sotilas

der Soldat

arkkitehti

der Architekt

kassanhoitaja

die Kassiererin

floristi

die Blumenhändlerin

kampaaja

der Friseur

konduktööri

der Schaffner

mekaanikko

der Mechaniker

kapteeni

der Kapitän

hammaslääkäri

die Zahnärztin

tiedemies

der Wissenschaftler

rabbi

der Rabbi

imaami

der Imam

munkki

der Mönch

pappi

der Pfarrer

työkalut

die Werkzeuge

vasara
der Hammer
pihdit
die Zange
ruuvimeisseli
der Schraubenzieher
jakoavain
der Schraubenschlüssel
taskulamppu
die Taschenlam

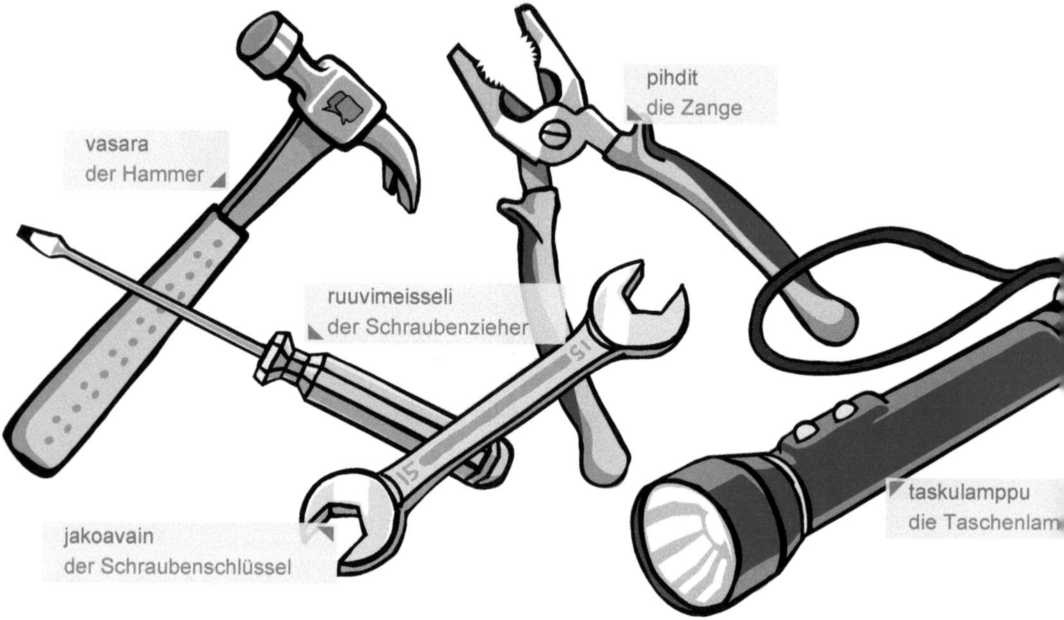

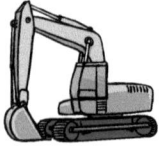

kaivinkone

der Bagger

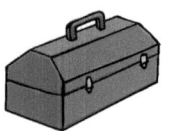

työkalupakki

der Werkzeugkasten

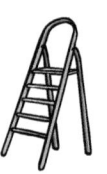

tikkaat

die Leiter

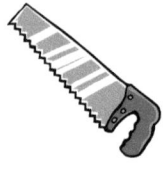

saha

die Säge

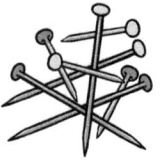

naulat

die Nägel

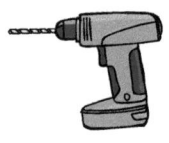

pora

der Bohrer

korjata
reparieren

lapio
die Schaufel

Hitto!
Scheiße!

rikkalapio
die Kehrschaufel

maalipurkki
der Farbtopf

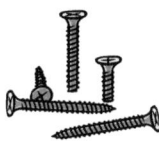

ruuvit
die Schrauben

soittimet

die Musikinstrumente

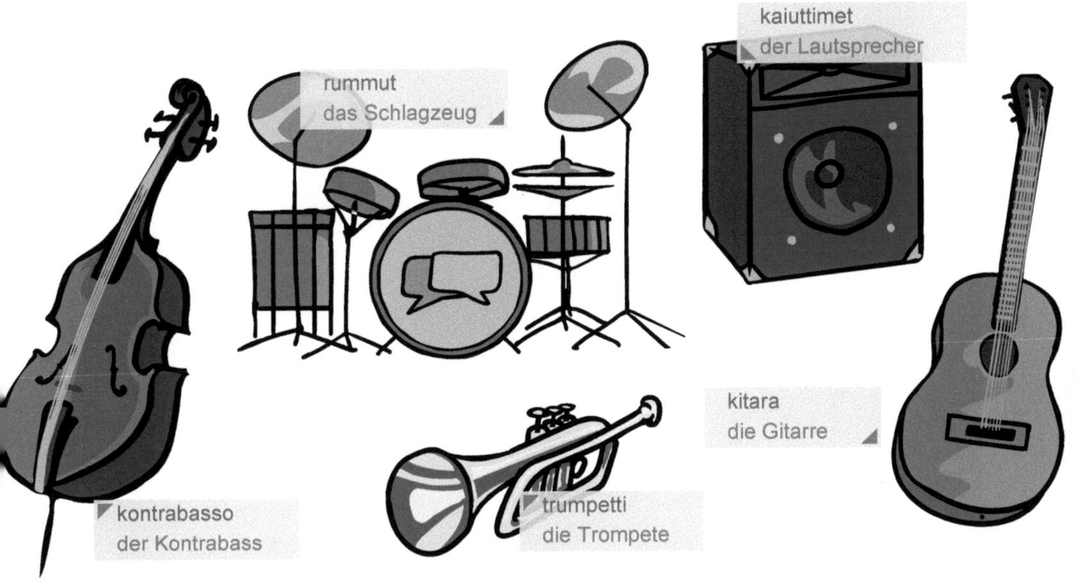

rummut
das Schlagzeug

kaiuttimet
der Lautsprecher

kitara
die Gitarre

kontrabasso
der Kontrabass

trumpetti
die Trompete

piano

das Klavier

viulu

die Violine

basso

der Bass

patarummut

die Pauke

rumpu

die Trommeln

kosketinsoitin

die Tastatur

saksofoni

das Saxophon

huilu

die Flöte

mikrofoni

das Mikrofon

soittimet - die Musikinstrumente

eläintarha

der Zoo

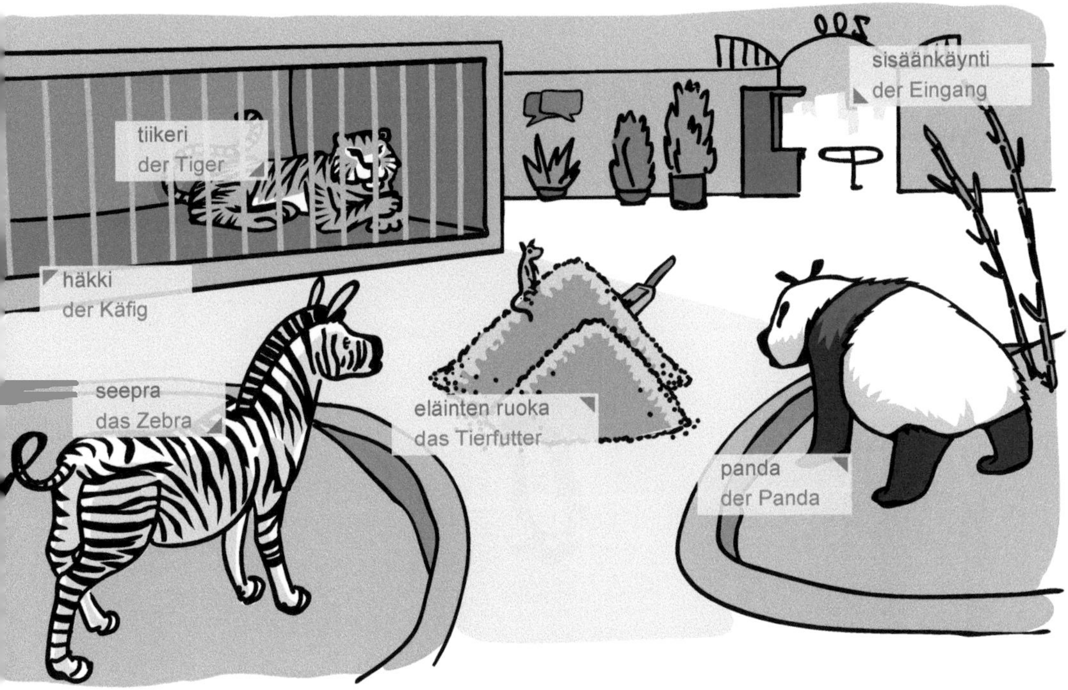

tiikeri
der Tiger
häkki
der Käfig
seepra
das Zebra
eläinten ruoka
das Tierfutter
sisäänkäynti
der Eingang
panda
der Panda

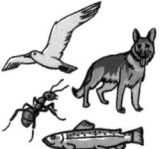

eläimet

die Tiere

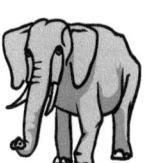

norsu

der Elefant

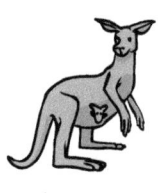

kenguru

das Känguru

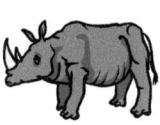

sarvikuono

das Nashorn

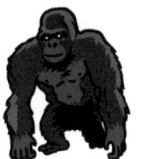

gorilla

der Gorilla

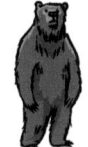

karhu

der Bär

kameli

das Kamel

strutsi

der Strauß

leijona

der Löwe

apina

der Affe

flamingo

der Flamingo

papukaija

der Papagei

jääkarhu

der Eisbär

pingviini

der Pinguin

hai

der Hai

riikinkukko

der Pfau

käärme

die Schlange

krokotiili

das Krokodil

eläintarhanhoitaja

der Zoowärter

hylje

die Robbe

jaguaari

der Jaguar

eläintarha - der Zoo

poni

das Pony

leopardi

der Leopard

virtahepo

das Nilpferd

kirahvi

die Giraffe

kotka

der Adler

villisika

das Wildschwein

kala

der Fisch

kilpikonna

die Schildkröte

mursu

das Walross

kettu

der Fuchs

gaselli

die Gazelle

amerikkalainen jalkapallo
das American Football

pyöräily
das Radfahren

tennis
das Tennis

koripallo
der Basketball

uinti
das Schwimmen

nyrkkeily
das Boxen

jääkiekko
das Eishockey

jalkapallo
der Fußball

sulkapallo
das Badminton

yleisurheilu
die Leichtathletik

käsipallo
der Handball

hiihto
das Skifahren

poolo
das Polo

aktiviteetit
die Aktivitäten

nauraa
lachen
hypätä
springen
halata
umarmen
kävellä
gehen
laulaa
singen
unelmoida
träumen
rukoilla
beten
suudella
küssen

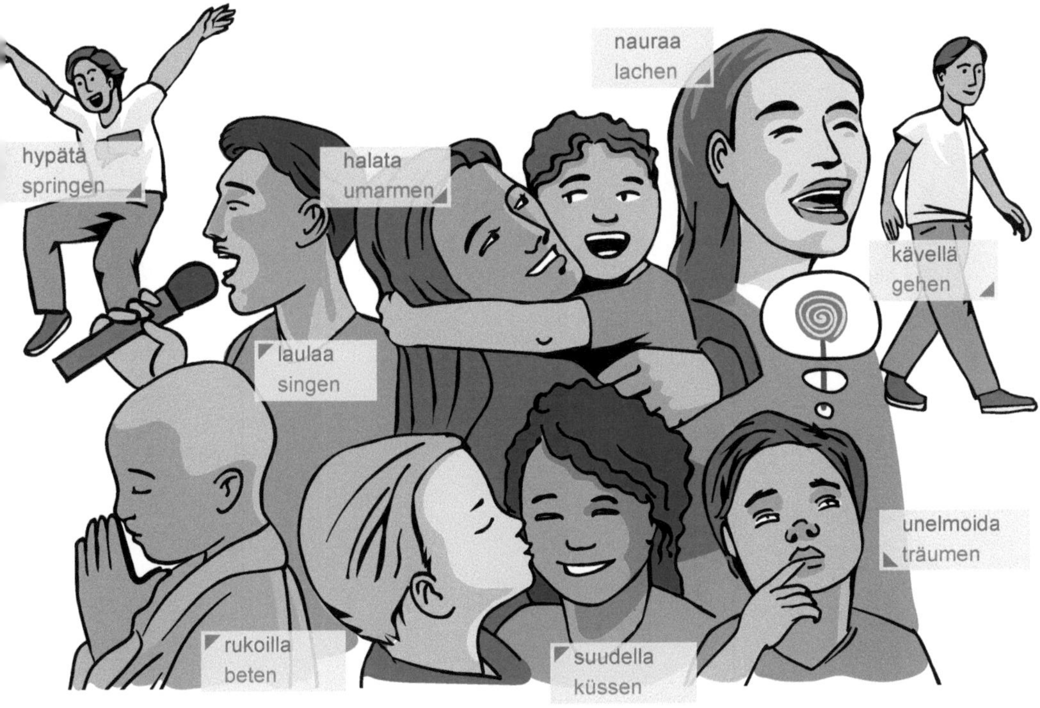

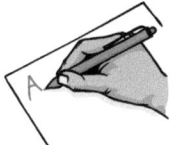

kirjoittaa

schreiben

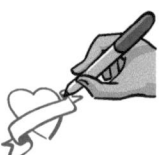

piirtää

zeichnen

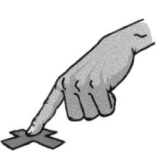

näyttää

zeigen

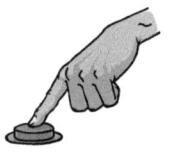

painaa

drücken

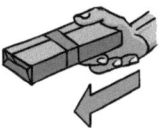

antaa

geben

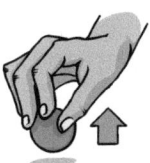

ottaa

nehmen

omistaa

haben

tehdä

machen

olla

sein

seisoa

stehen

juosta

laufen

vetää

ziehen

heittää

werfen

kaatua

fallen

maata

liegen

odottaa

warten

kantaa

tragen

istua

sitzen

pukeutua

anziehen

nukkua

schlafen

herätä

aufwachen

katsoa

ansehen

itkeä

weinen

silittää

streicheln

kammata

frisieren

puhua

reden

ymmärtää

verstehen

kysyä

fragen

kuunnella

hören

juoda

trinken

syödä

essen

siivota

zusammenräumen

rakastaa

lieben

keittää

kochen

ajaa

fahren

lentää

fliegen

aktiviteetit - die Aktivitäten

purjehtia

segeln

laskea

rechnen

lukea

lesen

oppia

lernen

työskennellä

arbeiten

mennä naimisiin

heiraten

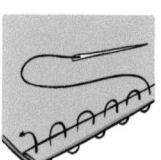

ommella

nähen

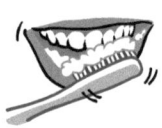

pestä hampaat

Zähne putzen

tappaa

töten

tupakoida

rauchen

lähettää

senden

mummo
die Großmutter

ukki
der Großvater

isä
der Vater

äiti
die Mutter

vauva
das Baby

tytär
die Tochter

poika
der Sohn

vieras

der Gast

täti

die Tante

setä

der Onkel

veli

der Bruder

sisko

die Schwester

vartalo

der Körper

otsa
die Stirn
silmä
das Auge
olkapää
die Schulter
sormet
der Finger
kasvot
das Gesicht
leuka
das Kinn
käsi
die Hand
jalka
das Bein
rinta
die Brust
käsivarsi
der Arm

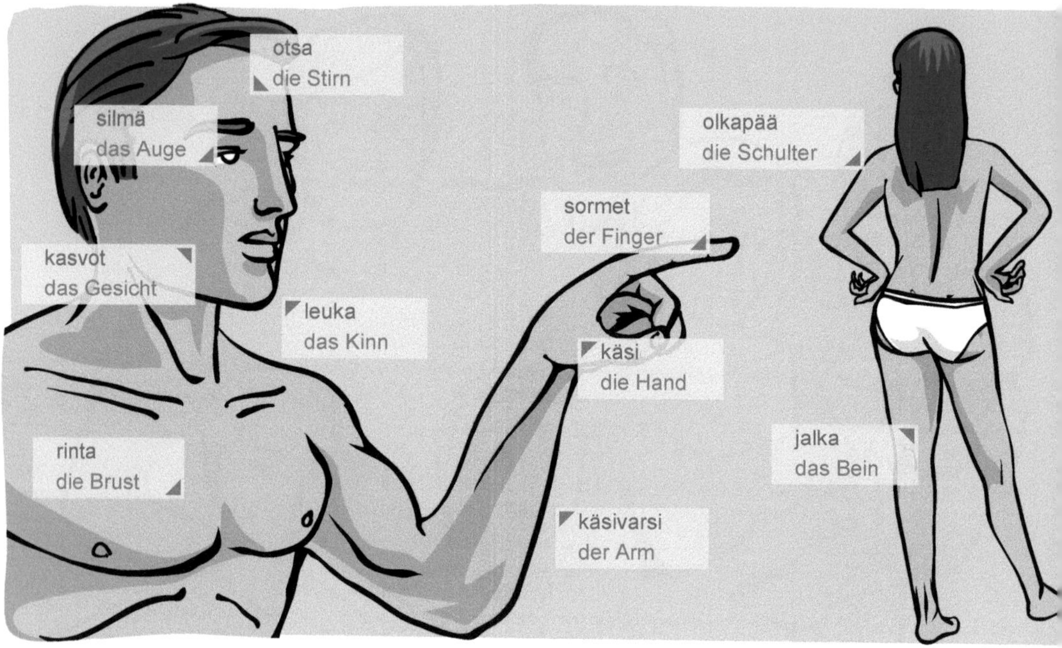

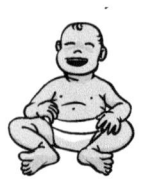

vauva

das Baby

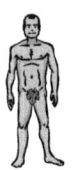

mies

der Mann

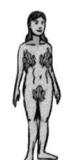

nainen

die Frau

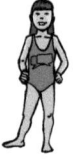

tyttö

das Mädchen

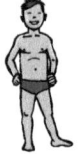

poika

der Junge

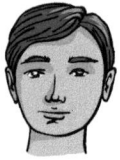

pää

der Kopf

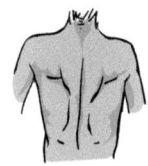

selkä

der Rücken

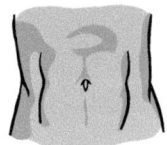

maha

der Bauch

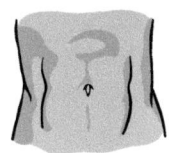

napa

der Nabel

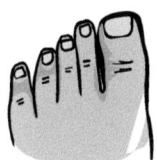

varvas

der Zeh

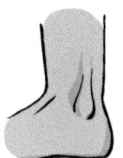

kantapää

die Ferse

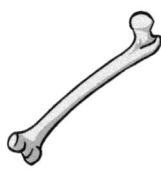

luu

der Knochen

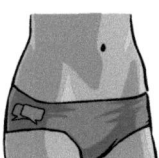

lantio

die Hüfte

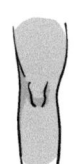

polvi

das Knie

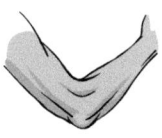

kyynärpää

der Ellbogen

nenä

die Nase

takapuoli

das Gesäß

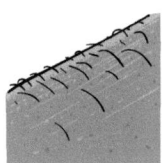

iho

die Haut

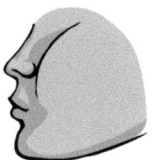

poski

die Wange

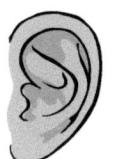

korva

das Ohr

huuli

die Lippe

vartalo - der Körper   69

suu

der Mund

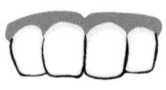

hammas

der Zahn

kieli

die Zunge

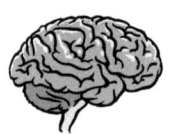

aivot

das Gehirn

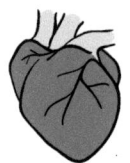

sydän

das Herz

lihas

der Muskel

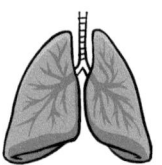

keuhkot

die Lunge

maksa

die Leber

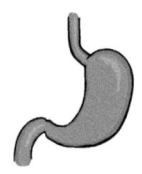

vatsa

der Magen

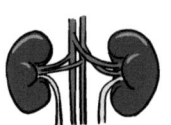

munuaiset

die Nieren

seksi

der Geschlechtsverkehr

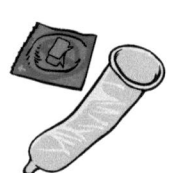

kondomi

das Kondom

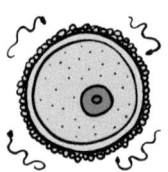

munasolu

die Eizelle

sperma

das Sperma

raskaus

die Schwangerschaft

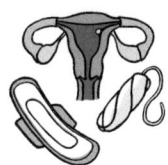

kuukautiset

die Menstruation

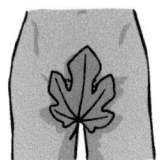

vagina

die Vagina

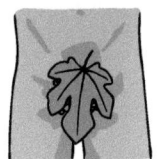

penis

der Penis

kulmakarvat

die Augenbraue

hiukset

das Haar

niska

der Hals

sairaala

das Spital

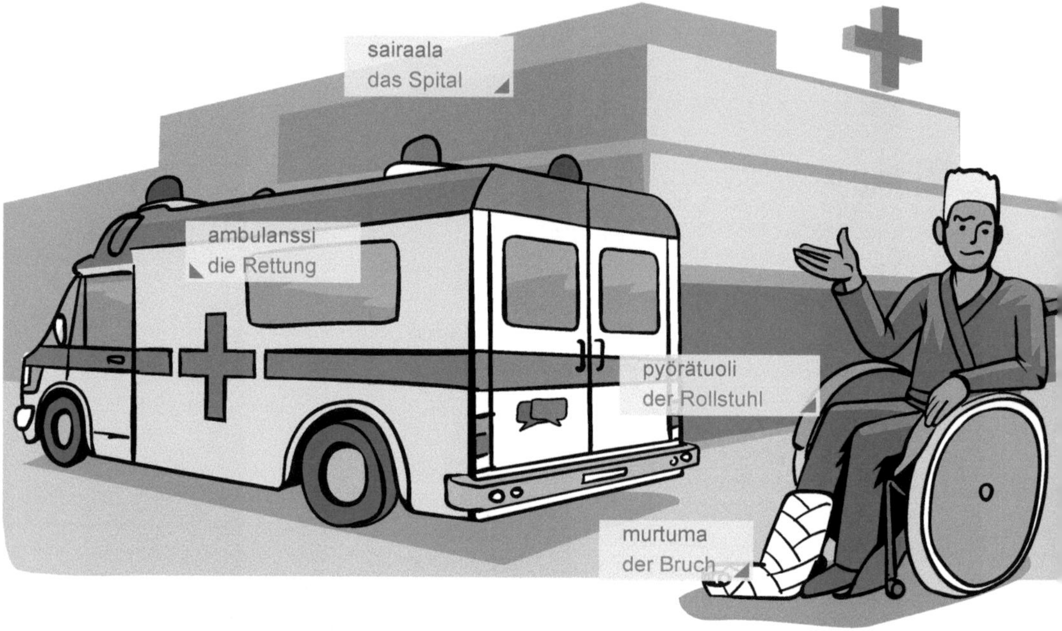

sairaala
das Spital
ambulanssi
die Rettung
pyörätuoli
der Rollstuhl
murtuma
der Bruch

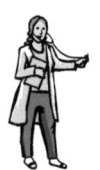

lääkäri

die Ärztin

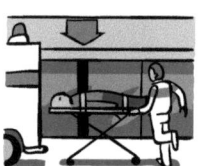

ensiapu

die Notaufnahme

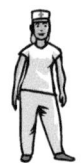

sairaanhoitaja

die Krankenschwester

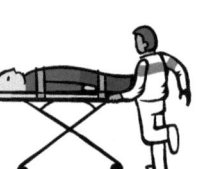

hätätilanne

der Notfall

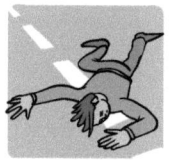

tajuton

ohnmächtig

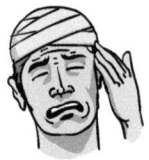

kipu

der Schmerz

vamma
die Verletzung

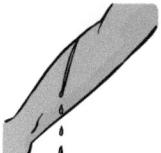

verenvuoto
die Blutung

sydänkohtaus
der Herzinfarkt

aivoinfarkti
der Schlaganfall

allergia
die Allergie

yskä
der Husten

kuume
das Fieber

flunssa
die Grippe

ripuli
der Durchfall

päänsärky
die Kopfschmerzen

syöpä
der Krebs

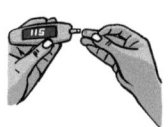

diabetes
die Diabetes

kirurgi
der Chirurg

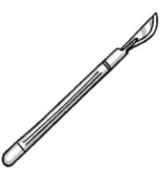

veitsi
das Skalpell

leikkaus
die Operation

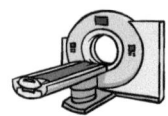

ct
....
das CT

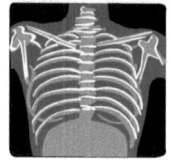

röntgen
....
das Röntgen

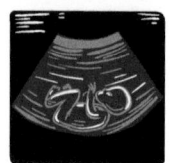

ultraääni
....
der Ultraschall

maski
....
die Maske

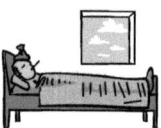

sairaus
....
die Krankheit

odotushuone
....
das Wartezimmer

sauva
....
die Krücke

laastari
....
das Pflaster

side
....
der Verband

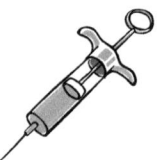

pistos
....
die Injektion

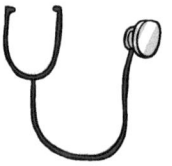

stetoskooppi
....
das Stethoskop

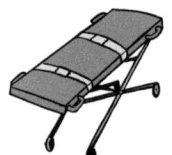

paarit
....
die Trage

kuumemittari
....
das Thermometer

syntymä
....
die Geburt

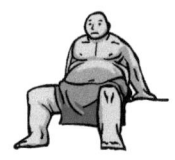

ylipaino
....
das Übergewicht

kuulolaite

das Hörgerät

desinfiointiaine

das Desinfektionsmittel

infektio

die Infektion

virus

das Virus

HIV / AIDS

das HIV / AIDS

lääke

die Medizin

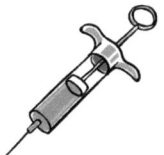

rokotus

die Impfung

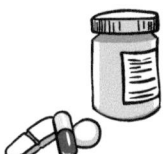

tabletit

die Tabletten

pilleri

die Pille

hätäpuhelu

der Notruf

verenpainemittari

der Blutdruckmesser

sairas / terve

krank / gesund

Apua!

Hilfe!

hälytys

der Alarm

ryöstö

der Überfall

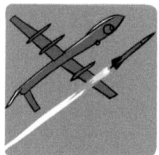

hyökkäys

der Angriff

vaara

die Gefahr

hätäuloskäynti

der Notausgang

Tulipalo!

Feuer!

palosammutin

der Feuerlöscher

onnettomuus

der Unfall

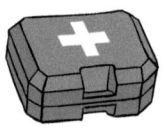

ensiapulaukku

der Erste-Hilfe-Koffer

SOS

SOS

poliisilaitos

die Polizei

Eurooppa

das Europa

Pohjois-Amerikka

das Nordamerika

Etelä-Amerikka

das Südamerika

Afrikka

das Afrika

Aasia

das Asien

Australia

das Australien

Atlantin valtameri

der Atlantik

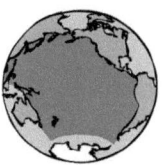

Tyynimeri

der Pazifik

Intian valtameri

der Indische Ozean

Eteläinen jäämeri

der Antarktische Ozean

Pohjoinen jäämeri

der Arktische Ozean

pohjoisnapa

der Nordpol

etelänapa

der Südpol

Antarktis

die Antarktis

maa

die Erde

maa

das Land

meri

das Meer

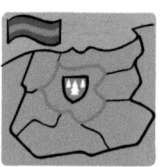

saari

die Insel

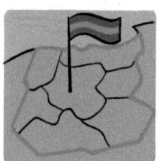

kansa

die Nation

osavaltio

der Staat

maa - die Erde

kellotaulu

das Ziffernblatt

tuntiviisari

der Stundenzeiger

minuuttiviisari

der Minutenzeiger

sekuntiviisari

der Sekundenzeiger

Paljonko kello on?

Wie spät ist es?

päivä

der Tag

aika

die Zeit

nyt

jetzt

digitaalikello

die Digitaluhr

minuutti

die Minute

tunti

die Stunde

viikko
die Woche

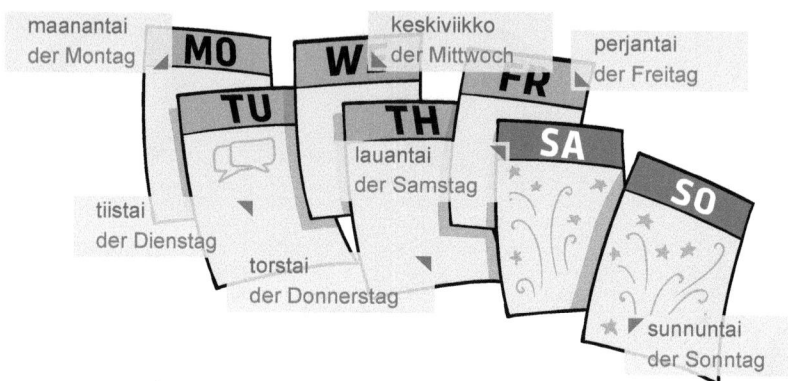

maanantai
der Montag

keskiviikko
der Mittwoch

perjantai
der Freitag

tiistai
der Dienstag

lauantai
der Samstag

torstai
der Donnerstag

sunnuntai
der Sonntag

eilen
....
gestern

tänään
....
heute

huomenna
....
morgen

aamu
....
der Morgen

keskipäivä
....
der Mittag

ilta
....
der Abend

MO	TU	WE	TH	FR	SA	SU
1	2	3	4	5	6	7
8	9	10	11	12	13	14
15	16	17	18	19	20	21
22	23	24	25	26	27	28
29	30	31	1	2	3	4

työpäivät
....
die Arbeitstage

MO	TU	WE	TH	FR	SA	SU
1	2	3	4	5	6	7
8	9	10	11	12	13	14
15	16	17	18	19	20	21
22	23	24	25	26	27	28
29	30	31	1	2	3	4

viikonloppu
....
das Wochenende

vuosi
das Jahr

sade
der Regen
sateenkaari
der Regenbogen
lumi
der Schnee
tuuli
der Wind
kevät
der Frühling
syksy
der Herbst
kesä
der Sommer
talvi
der Winter

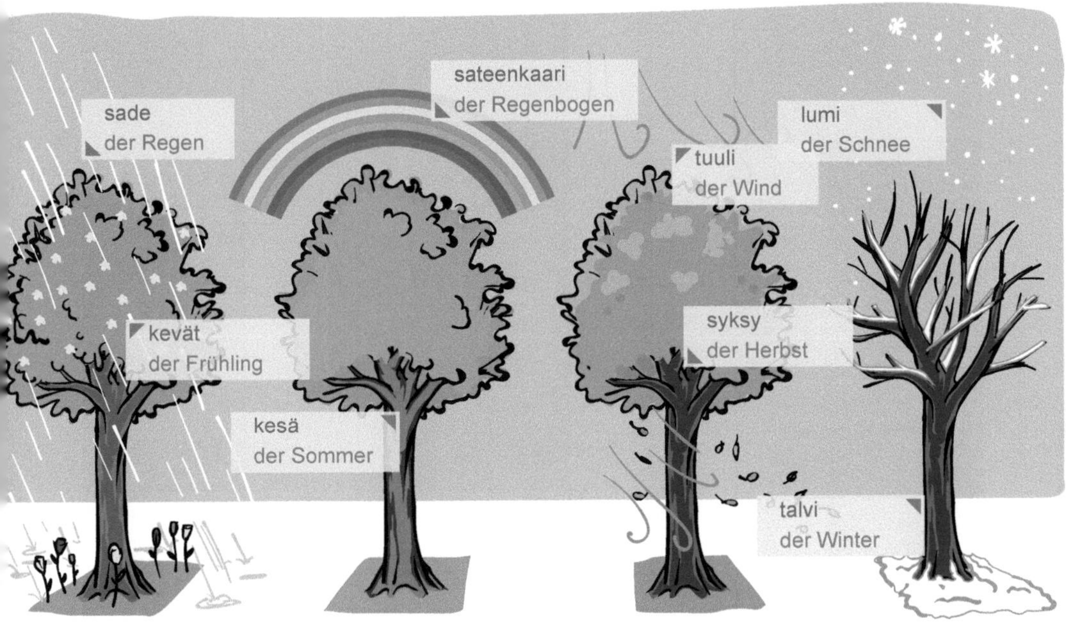

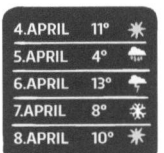

4.APRIL 11°
5.APRIL 4°
6.APRIL 13°
7.APRIL 8°
8.APRIL 10°

säännuste
die Wettervorhersage

F C
120 90 60 30 0 -30
40 30 20 10 0 -10 -20

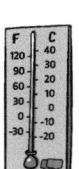

lämpömittari
das Thermometer

auringonpaiste
der Sonnenschein

pilvi
die Wolke

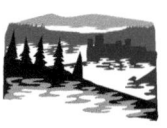

sumu
der Nebel

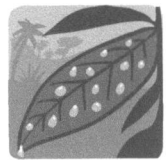

ilmankosteus
die Luftfeuchtigkeit

salama

der Blitz

ukkonen

der Donner

myrsky

der Sturm

rae

der Hagel

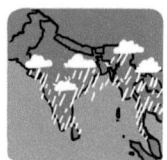

monsuuni

der Monsun

tulva

die Flut

jää

das Eis

tammikuu

der Jänner

helmikuu

der Februar

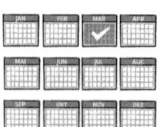

maaliskuu

der März

huhtikuu

der April

toukokuu

der Mai

kesäkuu

der Juni

heinäkuu

der Juli

elokuu

der August

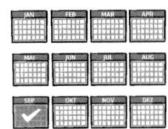

syyskuu
....
der September

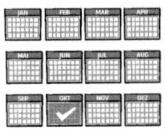

lokakuu
....
der Oktober

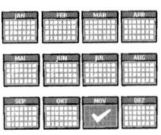

marraskuu
....
der November

joulukuu
....
der Dezember

ympyrä
....
der Kreis

neliö
....
das Quadrat

suorakulmio
....
das Rechteck

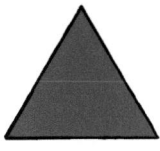

kolmio
....
das Dreieck

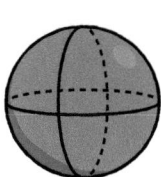

pallo
....
die Kugel

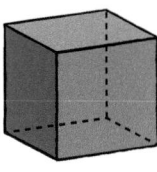

kuutio
....
der Würfel

valkoinen

weiß

keltainen

gelb

oranssi

orange

vaaleanpunainen

pink

punainen

rot

violetti

lila

sininen

blau

vihreä

grün

ruskea

braun

harmaa

grau

musta

schwarz

paljon / vähän
....
viel / wenig

vihainen / ystävällinen
....
wütend / friedlich

kaunis / ruma
....
hübsch / hässlich

alku / loppu
....
der Anfang / das Ende

suuri / pieni
....
groß / klein

vaalea / tumma
....
hell / dunkel

veli / sisko
....
der Bruder / die Schwester

puhdas / likainen
....
sauber / schmutzig

täydellinen / epätäydellinen
....
vollständig / unvollständig

päivä / yö
....
der Tag / die Nacht

kuollut / elävä
....
tot / lebendig

leveä / kapea
....
breit / schmal

syötävä / syömäkelvoton

genießbar / ungenießbar

paha / kiltti

böse / freundlich

innostunut / tylsistynyt

aufgeregt / gelangweilt

lihava / laiha

dick / dünn

ensimmäinen / viimeinen

zuerst / zuletzt

ystävä / vihollinen

der Freund / der Feind

täysi / tyhjä

voll / leer

kova / pehmeä

hart / weich

painava / kevyt

schwer / leicht

nälkä / jano

der Hunger / der Durst

sairas / terve

krank / gesund

laiton / laillinen

illegal / legal

älykäs / tyhmä

gescheit / dumm

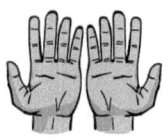

vasen / oikea

links / rechts

lähellä / kaukana

nah / fern

uusi / käytetty

neu / gebraucht

ei mitään / jotain

nichts / etwas

vanha / nuori

alt / jung

päällä / pois päältä

an / aus

auki / kiinni

offen / geschlossen

hiljainen / äänekäs

leise / laut

rikas / köyhä

reich / arm

oikein / väärin

richtig / falsch

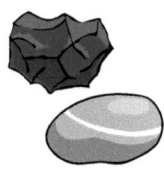

karhea / sileä

rau / glatt

surullinen / iloinen

traurig / glücklich

lyhyt / pitkä

kurz / lang

hidas / nopea

langsam / schnell

märkä / kuiva

nass / trocken

lämmin / viileä

warm / kühl

sota / rauha

der Krieg / der Frieden

0

nolla
null

1

yksi
eins

2

kaksi
zwei

3

kolme
drei

4

neljä
vier

5

viisi
fünf

6

kuusi
sechs

7

seitsemän
sieben

8

kahdeksan
acht

9

yhdeksän
neun

10

kymmenen
zehn

11

yksitoista
elf

12

kaksitoista

zwölf

13

kolmetoista

dreizehn

14

neljätoista

vierzehn

15

viisitoista

fünfzehn

16

kuusitoista

sechzehn

17

seitsemäntoista

siebzehn

18

kahdeksantoista

achtzehn

19

yhdeksäntoista

neunzehn

20

kaksikymmentä

zwanzig

100

sata

hundert

1.000

tuhat

tausend

1.000.000

miljoona

Million

englanti

Englisch

amerikanenglanti

Amerikanisches Englisch

mandariinikiina

Chinesisch (Mandarin)

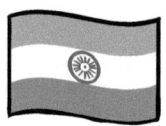

hindi

Hindi

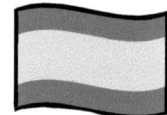

espanja

Spanisch

ranska

Französisch

arabia

Arabisch

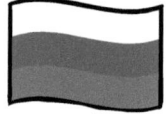

venäjä

Russisch

portugali

Portugiesisch

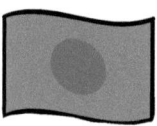

bengali

Bengalisch

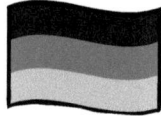

saksa

Deutsch

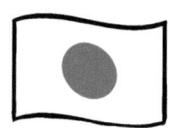

japani

Japanisch

minä

ich

sinä

du

hän

er / sie / es

me

wir

te

ihr

he

sie

kuka?

Wer?

mitä / mikä?

Was?

miten?

Wie?

missä?

Wo?

milloin?

Wann?

nimi

Name

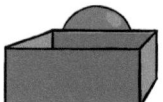

takana

hinter

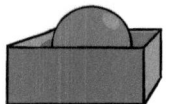

sisällä

in

edessä

vor

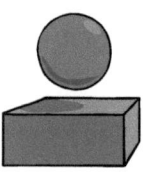

yläpuolella

über

päällä

auf

alapuolella

unter

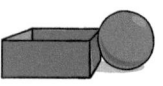

vieressä

neben

välissä

zwischen

paikka

der Ort